하나님이 사랑하시는

_____ 님의

쾌유를 기도합니다.

"내 영혼아 네가 어찌하여 낙심하며
어찌하여 내 속에서 불안해 하는가
너는 하나님께 소망을 두라
그가 나타나 도우심으로 말미암아
내가 여전히 찬송하리로다"

_ 시편 42편 5절

암을 낭비하지 마세요

Don't Waste Your Cancer

Copyright © 2011 by Desiring God Foundation
Published by Crossway
a publishing ministry of Good News Publishers
Wheaton, Illinois 60187, USA
All rights reserved.

This Korean translation edition © 2018 by Agape Publishing Co., Ltd.
Seoul, Republic of Korea
This Edition published by arrangement with Crossway through rMaeng2,
Seoul, Republic of Korea.

✽ 이 한국어판의 저작권은 알맹2 에이전시를 통하여
Crossway와 독점 계약한 (주)아가페출판사에 있습니다.

✽ 신 저작권법에 의하여 한국 내에서 보호받는 저작물이므로 무단 전재와 무단 복제를 금합니다.

암을 낭비하지 마세요

존 파이퍼 목사가
암 투병 후 전하는 메시지

존 파이퍼 지음
김동녘 옮김

아가페

서 문

암을
낭비하지 않으려면

수술 전날 밤,
이 글을 쓰게 되었습니다.
저는 전립선암이라는 진단을 받았습니다.
그러나 하나님이 치료하실 것을 확신했습니다.

기적과 의학을 통해
주님께서 일하심을 알고 있었지요.
그래서 치료해 달라고 기도했습니다.

모든 것이 그렇듯,

암도 하나님의 영광을 위한 것입니다.
주님께서 우리를 치료해 주시고,
경배를 받으시기 때문이지요.
혹시라도 우리가 포기하고
하나님의 치유를 간구하지 않는다면,
주님을 경배하지 않겠다는 것과 같아요.
그래서 우리는 반드시 기도해야 합니다.

그렇지만 모든 환자를 낫게 하는 것이
하나님의 뜻은 아닙니다.

그래서 우리는 투병하는 것 자체로도
주님의 영광을 드러내야 합니다.

이 고난을 낭비하지 않으려면,
하나님을 영화롭게 하는 데
이것을 사용해야 합니다.

수술한 지 5년이 지나고
저는 완치 판정을 받았습니다.
그러나 오늘은 건강할지 몰라도

내일은 다시 약해질 수 있다는 것을 잘 알아요.

"건강은 좀 어떠세요?"
누가 물으면 저는 대답합니다.
"아주 좋아요. 의사선생님이 괜찮답니다."
사실 그때마다 제 마음은 이렇습니다.
'저는 모릅니다. 오직 하나님만 아시지요.'

주께서 아시고 관심을 쏟으시며
주관하신다는 걸로 충분합니다.

조직검사를 받으려고 대기하고 있는데,
성경말씀이 떠올랐습니다.

하나님께서는 우리를
벌하기 위해 택하신 것이 아니라,
우리 주 예수 그리스도를 통해
구원을 얻도록 하기 위해
부르셨습니다.

그리스도께서는

우리를 위해 죽으셔서,
우리가 살든지 죽든지 상관없이
그분과 함께 살 수 있게 해 주셨습니다.
_ 데살로니가전서 5장 9-10절, 쉬운성경

이것으로 충분해요.
우리는 벌 받는 게 아니라
그리스도와 함께 살기로 되어 있어요.

주님을 만나는 그날까지

건강과 질병 그 무엇도 낭비하지 않고
하나님의 영광을 위해
모든 것을 사용하기 원합니다.

"보라 하나님은 나의 구원이시라
내가 신뢰하고 두려움이 없으리니
주 여호와는 나의 힘이시며 나의 노래시며
나의 구원이심이라"

_ 이사야 12장 2절

CONTENTS

서문
암을 낭비하지 않으려면

6

01
암이라는 고난이 주는 의미를
깨닫지 못한다면,
암을 낭비하는 것입니다

23

02
암에 걸린 것이
하나님의 선한 계획임을 믿지 않는다면,
암을 낭비하는 것입니다

29

03

암에 걸린 것이
저주라고 생각한다면,
암을 낭비하는 것입니다

04

생존할 확률에서
평안을 찾고 있다면,
암을 낭비하는 것입니다

05
죽음에 대해
묵상하기를 피한다면,
암을 낭비하는 것입니다

43

06
투병 중에 예수님보다
자기 목숨을 더 사랑한다면,
암을 낭비하는 것입니다

47

07
하나님에 대해서보다 암에 대해
더 열심히 공부한다면,
암을 낭비하는 것입니다

08
투병 중에 서로 사랑하지 않고
자신을 고독 속에 가둔다면,
암을 낭비하는 것입니다

09
암에 걸렸다고
소망 없는 사람처럼 슬퍼한다면,
암을 낭비하는 것입니다

59

10
암에 걸린 후에도
죄에 대해 무감각하다면,
암을 낭비하는 것입니다

63

11
암을 통해 예수님의 영광을
증거하지 않는다면,
암을 낭비하는 것입니다

암 수술 전날 밤,

존 파이퍼 목사는 암에 걸린 것이
하나님을 영화롭게 할 기회라고 고백한다.

병상에 누운 목사는 암에 걸린 것도
주님의 선하신 계획임을 확신하며,
예수님과 더욱 친밀해지기를 소원한다.

01
암이라는 고난이 주는 의미를
깨닫지 못한다면,
암을 낭비하는 것입니다

· · · · ·

모든 고난의 원인은,

최초의 인간이

창조주 하나님을 거역한 데 있습니다.

로마서 8장 20절에는,

하나님이 아담과 하와의 불순종 때문에

세상을 허무함에 빠뜨리셨다고 기록되어 있어요.

그러므로 세상 고난은

인간의 죄에 대한 합당한 처벌입니다.

그런데 예외가 있습니다.
예수님을 믿는 자의 고난은
결코 처벌이 아니라는 것입니다.
하나님의 아들 예수께서 그를 믿는 자의 죄 값을
대신 치러주셨기 때문입니다.

그렇다면,
믿는 자에게 고난은 왜 일어날까요?
로마서 8장에 따르면,
지금의 고통은 새로운 피조물로
변해 가는 진통입니다.

우리는 모든 피조물이 이제까지
신음하고 해산의 고통을 겪고
있다는 것을 압니다.

… 우리들 자신도 속으로 신음하며
우리가 하나님의 자녀가 되는 것과

> 우리 몸이 구속될 것을
> 간절히 기다리고 있습니다.
>
> **_ 로마서 8장 22-23절, 쉬운성경**

지금 우리는
고난 중에 허덕이고 있지만,
이제 곧 죄의 속박에서 풀려날 것입니다.
성경은 우리에게 약속합니다.

> 피조물도 썩어짐의 굴레에서 해방되어
> 하나님의 자녀가 누리는
> 영광스러운 자유에 참여하리라
>
> **_ 로마서 8장 21절, 쉬운성경**

결국 암이 주는 고난은 두 가지를 의미합니다.
첫째는 인간의 죄가 암의 통증처럼
극심하다는 것이고,
둘째는 영원한 영광과 자유가

오고 있다는 것입니다.
이러한 고난의 의미를 알지 못하면,
암을 통해 하나님을 영화롭게 할 수 없겠지요.

산모의 분만통은
경이로운 뭔가가 다가온다는 소식입니다.
이렇듯 잠시뿐인 환난 뒤에는
끝없는 기쁨이 따른다고
성경은 말합니다.

> 우리가 지금 겪고 있는 가벼운 환난은
> 장차 우리가 받게 될
> 영원하고 한량없이 큰 영광을 가져다줍니다.
> **_ 고린도후서 4장 17절, 쉬운성경**

고난의 의미를 바로 알고,
하나님의 영광을 위해 투병하기 원합니다.

02
암에 걸린 것이
하나님의 선한 계획임을 믿지 않는다면,
암을 낭비하는 것입니다

주님은 때때로
질병도 허락하십니다.
세상에서 일어나는 모든 일에는
주권자 하나님의 의도하심이 있습니다.

우리가 하나님의 방식을
모두 이해할 수는 없겠지요.
그러나 한 가지 확실한 것은,
주님은 고난을 통해서도
선한 계획을 이루신다는 사실입니다.

우리 몸의 세포가
악성종양으로 변형되어 갈 때도
주님은 알고 계십니다.
하나님은 암이 퍼지는 것을 멈추실 수도 있고,
계속 진행하실 수도 있는 주권자입니다.

암세포가 점점 자라난다면,
거기에도 주님의 뜻이 있습니다.
완전하게 지혜로우신 하나님의 계획에 따라
암도 움직이는 것입니다.

실제로 사탄은 존재합니다.
사탄은 쾌락을 가져다주기도 하고,
상상 못할 극심한 고통을 주기도 합니다.
그러나 사탄은 그것을 발생시키는
주권자는 아닙니다.

사탄이 악성 종기로 욥을 뒤덮었을 때,

욥의 질병은 근본적으로
하나님의 뜻 아래 생겨난 것이라고
욥기 2장은 가르쳐줍니다.

욥기 42장도 욥에게 내려진 재앙의 주관자는
하나님이었다고 밝힙니다.

> … 그들은 여호와께서 욥에게 내리셨던
> 모든 재앙을 생각하며
> 그를 위로하고 슬퍼해 주었고 …
> **_ 욥기 42장 11절, 쉬운성경**

암이라는 질병도
하나님께서 우리 유익을 위해 세우신
선한 계획입니다.

이것을 믿지 않는다면,
암을 낭비하는 것입니다.

"주 여호와여 주는 나의 소망이시요
내가 어릴 때부터 신뢰한 이시라"
_ 시편 71편 5절

03
암에 걸린 것이 저주라고 생각한다면, 암을 낭비하는 것입니다

· · · · ·

갑작스럽게 자식을 잃은
한 아버지가 제게 물었습니다.

"예수님을 믿는 가정도
저주받을 수 있나요?"

여러 상황이 머릿속을 스쳐 지나갔습니다.
잠시 후 저는 분명하게 대답했습니다.

"아니요,

그러나 그렇게 느껴질 수는 있습니다."

사탄은 부와 건강을 선사하여
우리를 파멸하려고 합니다(마 13:22).
반대로 고통을 증폭시켜
믿음을 무너뜨리려고도 합니다(눅 13:16).

그러나 그리스도인은 저주받을 수 없다고
제가 답한 이유는
하나님의 말씀 때문입니다.

> 야곱 백성에게는
> 어떤 마법도 통하지 않고,
> 이스라엘에게는 어떤 주술도
> 통하지 않을 것이다. …
>
> **_ 민수기 23장 23절, 쉬운성경**

더 중요한 것은

로마서 8장 1절에 기록된 대로,
예수님을 믿어 그분께 속한 사람에게는
정죄가 없다는 것입니다.

그리스도인은 저주받을 수 없습니다.
갈라디아서 3장에서도 확실하게 밝힙니다.

> 그리스도께서는
> 율법이 우리에게 씌운 저주를
> 거두어 가셨습니다.
> 그리스도께서 우리를 대신해서
> 저주를 받으셨습니다. …
> **_ 갈라디아서 3장 13절, 쉬운성경**

예수님은 우리가 받아야 하는
죄와 질병의 저주를 대신 받으셨습니다.

그래서 우리의 질병은

저주가 아니라 은혜입니다.
우리의 암은 처벌의 길이 아니라
천국으로 이끄는 정결의 길입니다.

이것을 받아들이기가 쉽지 않습니다.
그렇지만 우리 함께 하나님을 신뢰해요.
좋은 것을 아끼지 않으시는 주님을 믿읍시다.
분명 하나님은 쉬지 않고 선을 이루고 계십니다.

> 여호와 하나님은
> 우리의 태양이며 방패이십니다.
> 여호와는 우리에게
> 은혜와 명예를 주십니다.
> 주는 정직하게 사는 사람에게
> 가장 좋은 것을 아끼지 아니하시고 주십니다.
> **_ 시편 84편 11절, 쉬운성경**

04
생존할 확률에서
평안을 찾고 있다면,
암을 낭비하는 것입니다

· · · · ·

우리가 암에 걸렸을 때,
병이 치료될 확률에만 매달리라고
하나님이 고난을 허락하신 건 아닙니다.

세상 사람은 확률에서 위로를 얻으나,
예수님을 믿는 사람은 그렇지 않습니다.

시편 20편 7절을 보면,
사람들은 병거(생존확률)와
말(치료효과)에 의존하고 있습니다.

그러나 하나님을 믿는 자들은
여호와 하나님만 의지합니다.

하나님께서 고난을 허락하신 이유를
바울은 이렇게 설명합니다.

> 마음속으로는 사망 선고를 받았다는
> 느낌마저 들었습니다.
> 그러나 이렇게 된 것은
> 우리 자신을 의지하지 않고,
> 죽은 자를 살리시는 하나님을
> 의지하도록 하기 위해서였습니다.
> **_ 고린도후서 1장 9절, 쉬운성경**

주께서 암을 허락하신 목적은,
우리 마음을 완전히 무너뜨려
순전히 하나님만 의지하게 하려는 것입니다.

"내가 두려워하는 날에는
내가 주를 의지하리이다"

_시편 56편 3절

05
죽음에 대해 묵상하기를 피한다면, 삶을 낭비하는 것입니다

우리가 세상에 사는 동안
예수님이 다시 오시지 않는다면,
모든 사람은 죽음을 맞게 됩니다.

죽음 후에 하나님과 마주하는 것을
묵상해 본 적 있나요?
성경은 죽음에 대해 이렇게 가르칩니다.

초상집에 가는 것이
잔칫집에 가는 것보다 낫다.

> 이는 모든 사람이
> 죽을 것이기 때문이다.
> 살아 있는 사람은
> 이것을 명심해야 한다.
>
> **_ 전도서 7장 2절, 쉬운성경**

하나님의 말씀에 따르면,
죽음을 묵상하는 것은 유익한 일입니다.
나아가 시편에는 이렇게 기록되어 있습니다.

> 우리의 인생이 얼마나 짧은지
> 깨닫게 해 주소서.
> 그러면 우리의 마음이
> 지혜로워질 것입니다.
>
> **_ 시편 90편 12절, 쉬운성경**

생애 마지막 날은 순식간에 옵니다.
이 사실을 명심해야 지혜로울 수 있다고

성경은 가르쳐줍니다.

죽음을 묵상하지 않아
주님의 지혜를 얻지 못한다면,
얼마나 큰 낭비인가요.

06
투병 중에 예수님보다
자기 목숨을 더 사랑한다면,
암을 낭비하는 것입니다

· · · · ·

암을 통해 성취하려는 목적은
사탄의 경우와 하나님의 경우가 완전히 다릅니다.

사탄의 목적은 우리가 예수님을
미워하게 만드는 것입니다.
반대로 하나님의 목적은
우리가 예수님을 더욱 사랑하도록 이끄는 것입니다.

암에게 패배하는 시점은
암으로 죽음에 이르렀을 때가 아닙니다.

암 때문에 예수님을 사랑하지 못하게 되었을 때가
실제로 암에 굴복하는 시점입니다.

하나님께서 암을 허락하신 이유는,
우리가 세상에 의존하기를 그만두고
예수님만으로 만족하게 하기 위함입니다.
빌립보서의 바울처럼 말입니다.

> 이 세상 그 어떤 것도
> 내 주 예수 그리스도를 아는 것과
> 비교가 되지 않습니다.
> 예수 그리스도를 위하여
> 나는 모든 것을 버렸습니다.
> 모든 것이 쓰레기처럼
> 아무런 가치가 없다는 것을
> 이제 압니다. …
>
> **_ 빌립보서 3장 8절, 쉬운성경**

마침내 하나님은,
우리가 이렇게 고백하기를 바라십니다.

나는 그리스도를 위해 사는 데
목적을 두고 있기 때문에
죽는 것도 내게는 유익합니다.
_ 빌립보서 1장 21절, 쉬운성경

07
하나님에 대해서보다 암에 대해 더 열심히 공부한다면, 암을 낭비하는 것입니다

· · · · ·

암 치료에 대해 아는 것은
잘못이 아닙니다.
문제는 하나님이 아닌 다른 것에
마음을 모조리 빼앗기는 것이지요.

하나님 외의 것을 더 알고자 하는 마음은
믿음이 약할 때 생기는 증상입니다.

우리는 암을 이용해
실존하시는 하나님을 알고자 하는 마음에

불을 붙여야 합니다.

   여호와를 알자.
   우리가 여호와를
   아는 데 전력하자. …
   _ 호세아 6장 3절, 쉬운성경

그리고 다니엘서의 진리를
체험해야 합니다.

   … 하나님을 아는 사람들은
   강해질 것이고 용감해질 것이다.
   _ 다니엘 11장 32절, 쉬운성경

그리고 시편 말씀처럼,
태풍이 몰아쳐도 끄떡없는
떡갈나무로 성장해야 합니다.

그는
여호와의 가르침을 즐거워하고,
밤낮으로 그 가르침을
깊이 생각합니다.

그는
마치 시냇가에 옮겨 심은
나무와 같습니다.
계절을 따라 열매를 맺고
그 잎새가 시들지 않는
나무와 같습니다.
그러므로 그가 하는 일마다
다 잘 될 것입니다.

_ 시편 1편 2-3절, 쉬운성경

투병 중에 하나님의 말씀이 아닌
암에 대한 글을 읽는 데만 열중한다면,
암이 얼마나 아까운가요.

08
투병 중에 서로 사랑하지 않고
자신을 고독 속에 가둔다면,
암을 낭비하는 것입니다

· · · · ·

사도 바울의 경험입니다.

바울의 동역자 에바브로디도는
빌립보교회가 준비해 준 선물을 가지고
감옥에 갇혀 있는 바울을 찾아갔습니다.

그런데 에바브로디도는
바울을 만난 뒤 중병에 걸려
생명이 위독한 지경까지 이르게 됩니다.

생사를 헤매는 에바브로디도의 소식을 알리려고
바울은 빌립보교회에 편지를 씁니다.

> 그[에바브로디도]는 여러분 모두를
> 너무나 그리워하고 있으며,
> 자기가 아팠다는 소식이
> 여러분에게 전해졌음을 알고
> 도리어 걱정하고 있습니다.
> **_ 빌립보서 2장 26절, 쉬운성경**

목숨이 위태로운 상황에서도
에바브로디도의 반응이 놀랍지 않은가요?

편지를 읽어보면, 빌립보 교인들이
에바브로디도를 염려한다는 것이 아닙니다.
오히려 에바브로디도가 자기 소식을 듣고 슬퍼할
빌립보 교인들을 걱정한다는 내용입니다.

타인을 향한 뜨거운 사랑,
이것이 하나님께서 암을 통해
주시려는 마음입니다.

고독 속에 숨어 사랑할 기회를
낭비하지 마세요.

09
암에 걸렸다고
소망 없는 사람처럼 슬퍼한다면,
암을 낭비하는 것입니다

· · · · ·

사랑하는 사람의 죽음으로
통곡하며 슬퍼하는 것에 대해
바울은 이렇게 가르칩니다.

형제 여러분,
나는 여러분이 죽은 자들에 관해서
아무것도 모르는 것을 원하지 않습니다.

그것은 여러분이
아무 소망이 없는 사람들처럼

슬퍼하게 되는 것을
바라지 않기 때문입니다.
_ 데살로니가전서 4장 13절, 쉬운성경

죽음에는 당연히 슬픔이 따릅니다.
예수님을 믿는 자의 죽음은
잠시 헤어지는 것이지요.
지금의 육체, 사랑하는 사람들,
감당하던 사역을 내려놓는 것처럼요.

그런데 그리스도인의 슬픔에는
특이한 점이 있습니다.
바로 극심한 비통함 가운데서도
예수님을 믿는 자의 깊숙한 내면은
소망으로 가득하다는 것이지요.

우리는 몸을 떠나
주님과 함께 살기를

더 원합니다.

_ 고린도후서 5장 8절, 쉬운성경

암에 걸렸다고 소망 없는 사람처럼
슬퍼할 이유는 없습니다.
우리는 하나님과 영원히 살 것입니다.

10
암에 걸린 후에도
죄에 대해 무감각하다면,
암을 낭비하는 것입니다

- - - - -

암 투병 중에도
죄의 유혹을 뿌리치지 못하나요?
그렇다면 암을 낭비하고 있는 것입니다.
죄와 싸워서 승리하는 데
암을 사용해야 합니다.

교만, 탐욕, 정욕, 미워함,
용서하지 않음, 성급함, 게으름….
암에게는 이런 끈질긴 죄악을
죽일 수 있는 힘이 있습니다.

이제부터
암과 사투를 벌인다고 생각하지 말고,
암을 이용해 죄악과 싸운다고 생각해 보세요.

앞에 열거한 죄악들은
암보다 더 흉악한 원수입니다.
저 원수들을 죽일 수 있는
암을 낭비하지 마세요.

우리는 영원을 사모하도록 지어진 존재입니다.
일시적인 쾌락은 헛되다는 것을 기억하세요.

만일 이 세상을 모두 얻고도,
자기를 잃거나 빼앗기면
무슨 유익이 있느냐?
_ 누가복음 9장 25절, 쉬운성경

11
암을 통해 예수님의 영광을 증거하지 않는다면, 암을 낭비하는 것입니다

세상 어떤 일도
결코 우연히 일어나지 않습니다.
어떤 상황을 만나든지
거기에는 주권자 하나님의 뜻이 있습니다.

갑작스럽게 닥치는 고난에 대해
예수님은 말씀하셨습니다.

> … 사람들이 너희를 잡고
> 박해할 것이다. 또한 너희를

회당과 감옥에 넘길 것이다.

너희는 내 이름 때문에
왕과 총독 앞에 끌려 갈 것이다.
그러나 이것이 너희에게는
증거의 기회가 될 것이다.
_ 누가복음 21장 12-13절, 쉬운성경

이처럼 암에 걸린 때는 위기가 아닙니다.
오히려 예수님의 영광을 증거할 기회입니다.

하나님보다 더 소중한 것은 없습니다.
고난당하는 동안은 내 생명보다 귀한
예수님을 증거할 황금 같은 기회입니다.
이것을 낭비하지 마세요.

그리고 절대로 잊어서는 안 됩니다.
당신은 홀로 버려진 게 아니라는 것을.

하나님은 반드시 모든 것을
풍족히 베풀어주십니다.

   하나님께서
   그리스도 예수 안에서
   여러분이 필요로 하는 모든 것을
   풍족히 채워 주실 것입니다.
   _ 빌립보서 4장 19절, 쉬운성경

주님을 만나는 그날까지
건강과 질병 그 무엇도 낭비하지 않고
하나님의 영광을 위해 모든 것을 사용하기 원합니다.

암을 낭비하지 마세요

초판 1쇄 발행	2018년 8월 27일
초판 8쇄 발행	2025년 8월 7일
지은이	존 파이퍼
옮긴이	김동녘
펴낸이	곽성종
책임편집	방재경
디자인	투에스
펴낸곳	(주)아가페출판사
등록	제21-754호(1995. 4. 12)
주소	(08806) 서울시 관악구 남부순환로 2082-33(남현동)
전화	584-4835 (본사) 522-5148 (편집부)
팩스	586-3078 (본사) 586-3088 (편집부)
홈페이지	www.agape25.com
판권	ⓒ (주)아가페출판사 2018
ISBN	979-11-89225-06-3 (03230)
분당직영서점	전화 031-714-7273 ㅣ 팩스 031-714-7177
인터넷서점	http://www.agapemall.co.kr
	*인터넷에서 '아가페몰'을 검색하세요.

저작권법에 의하여 한국 내에서 보호받는 저작물이므로
무단전재와 복제를 금합니다.

아가페 출판사